国家出版基金项目
NATIONAL PUBLICATION FOUNDATION

记住乡愁

——留给孩子们的中国民俗文化

刘魁立◎主编

第七辑 民间礼俗辑

丧 礼

龙晓添◎著

本辑主编 萧 放

黑龙江少年儿童出版社

序

　　亲爱的小读者们，身为中国人，你们了解中华民族的民俗文化吗？如果有所了解的话，你们又了解多少呢？

　　或许，你们认为熟知那些过去的事情是大人们的事，我们小孩儿不容易弄懂，也没必要弄懂那些事情。

　　其实，传统民俗文化的内涵极为丰富，它既不神秘也不深奥，与每个人的关系十分密切，它随时随地围绕在我们身边，贯穿于整个人生的每一天。

　　中华民族有很多传统节日，每逢节日都有一些传统民俗文化活动，比如端午节吃粽子，听大人们讲屈原为国为民愤投汨罗江的故事；八月中秋望着圆圆的明月，遐想嫦娥奔月、吴刚伐桂的传说，等等。

　　我国是一个统一的多民族国家，有 56 个民族，每个民族都有丰富多彩的文化和风俗习惯，这些不同民族的民俗文化共同构筑了中国民俗文化。或许你们听说过藏族长篇史诗《格萨尔王传》

中格萨尔王的英雄气概、蒙古族智慧的化身——巴拉根仓的机智与诙谐、维吾尔族世界闻名的智者——阿凡提的睿智与幽默、壮族歌仙刘三姐的聪慧机敏与歌如泉涌……如果这些你们都有所了解，那就说明你们已经走进了中华民族传统民俗文化的王国。

你们也许看过京剧、木偶戏、皮影戏，看过踩高跷、耍龙灯，欣赏过威风锣鼓，这些都是我们中华民族为世界贡献的艺术珍品。你们或许也欣赏过中国古琴演奏，那是中华文化中的瑰宝。1977年9月5日美国发射的"旅行者1号"探测器上所载的向外太空传达人类声音的金光盘上面，就录制了我国古琴大师管平湖演奏的中国古琴名曲——《流水》。

北京天安门东西两侧设有太庙和社稷坛，那是旧时皇帝举行仪式祭祀祖先和祭祀谷神及土地的地方。另外，在北京城的南北东西四个方位建有天坛、地坛、日坛和月坛，这些地方曾经是皇帝率领百官祭拜天、地、日、月的神圣场所。这些仪式活动说明，我们中国人自古就认为自己是自然的组成部分，因而崇信自然、融入自然，与自然和谐相处。

如今民间仍保存的奉祀关公和妈祖的习俗，则体现了中国人崇尚仁义礼智信、进行自我道德教育的意愿，表达了祈望平安顺达和扶危救困的诉求。

小读者们，你们养过蚕宝宝吗？原产于中国的蚕，真称得上伟大的小生物。蚕宝宝的一生从芝麻粒儿大小的蚕卵算起，中间经历蚁蚕、蚕宝宝、结茧吐丝等过程，到破茧成蛾结束，总共四十余天，却能为我们贡献约一千米长的蚕丝。我国历史悠久的养蚕、丝绸织绣技术自西汉"丝绸之路"诞生那天起就成为东方文明的传播者和象征，为促进人类文明的发展做出了不可磨灭的贡献！

小读者们，你们到过烧造瓷器的窑口，见过工匠师傅们拉坯、上釉、烧窑吗？中国是瓷器的故乡，我们的陶瓷技艺同样为人类文明的发展做出了巨大贡献！中国的英文国名"China"，就是由英文"china"（瓷器）一词转义而来的。

中国的历法、二十四节气、珠算、中医知识体系，都是中华民族传统文化宝库中的珍品。

让我们深感骄傲的中国传统民俗文化博大精深、丰富多彩，课本中的内容是难以囊括的。每向这个领域多迈进一步，你们对历史的认知、对人生的感悟、对生活的热爱与奋斗就会更进一分。

作为中国人，无论你身在何处，那与生俱来的充满民族文化DNA 的血液将伴随你的一生，乡音难改，乡情难忘，乡愁恒久。这是你的根，这是你的魂，这种民族文化的传统体现在你身上，是你身份的标识，也是我们作为中国人彼此认同的依据，它作为一种凝聚的力量，把我们整个中华民族大家庭紧紧地联系在一起。

《记住乡愁——留给孩子们的中国民俗文化》丛书，为小读者们全面介绍了传统民俗文化的丰富内容：包括民间史诗传说故事、传统民间节日、民间信仰、礼仪习俗、民间游戏、中国古代建筑技艺、民间手工艺……

　　各辑的主编、各册的作者，都是相关领域的专家。他们以适合儿童的文笔，选配大量图片，简约精当地介绍每一个专题，希望小读者们读来兴趣盎然、收获颇丰。

　　在你们阅读的过程中，也许你们的长辈会向你们说起他们曾经的往事，讲讲他们的"乡愁"。那时，你们也许会觉得生活充满了意趣。希望这套丛书能使你们更加珍爱中国的传统民俗文化，让你们为生为中国人而自豪，长大后为中华民族的伟大复兴做出自己的贡献！

　　亲爱的小读者们，祝你们健康快乐！

二〇一七年十二月

目 录

生命的终结与仪式的转换

| 生命的终结与仪式的转换 |

死亡是正常的生命现象，作为人来说生命也必然是有始有终的。所以，"死"是人类再自然不过的事情。

但是人是情感丰富，并且有复杂社会关系的动物，因此人类处理死亡有一套复杂而充满意义的方式，这种方式表现在仪式上，就是丧礼。

生命的终结，对人类而言总是悲伤、遗憾、失落的。但是无论文明如何发展，人类极限如何被突破，死亡却永远无法避免。

而当死亡来临，负面的情绪需要宣泄。丧礼恰恰能给予人们一段短暂的哀悼时空，以接受"死亡"的事实，调整由"死亡"带来的冲击与变化。

因此，当有人亡故，我们最常用的，也似乎是最恰当的一个安慰语即"节哀顺变"。

在生命中无论发生什么不好的事情，唯有接受并面对才是最佳的、最健康的方式。而面对生命的必然——死亡，就更加如此。

丧礼引导我们将痛苦、怀念、不舍适当地得以抒发，并接受这个事实。并告诉我们，生命、社会、爱，仍在继续。

对于传统的中国人而

言，死亡仅仅是生命的终结，通过丧礼仪式以后，亡者就会以另一种形式存在于另一个地方。不同的文化、学说、宗教都对这个地方有不同的描述。而对大部分中国人来说，亡者最好的去处就是成为"祖先"。一旦成为祖先，亡者就能被子孙缅怀，在节日里被祭祀，并成为整个家族的保护神。

为什么为死亡而举行的仪式称为"丧礼"呢？

无论多么委婉地谈论"死亡"，其始终都是生命体征的结束，对于无法挽回的事实，只能面对。而人类始终尝试以更舒适、更能接受的方式去面对死亡，接受死亡。

郑玄注《曲礼》记载："死之言澌，精神澌尽"，

这代表着死亡就是生命的消逝、结束，因此书面语称死亡为"逝世"。

《仪礼》贾疏记载："不忍言死而言丧，丧者，弃亡之辞，若全存居于彼焉，已亡之耳。"也就是说，不忍心说"死"，而说"丧"，是因为不愿意接受亲人生命的戛然而止，而宁愿相信其只是"离开"了。

可见，称死亡仪式为"丧礼"，是因为亲人不忍心说亡者死了，觉得言"死"太残忍。亡者刚刚离世之时，亲人不愿承认其在这个世界的彻底消逝，毕竟天人永隔的创伤需要一段时间才能修复。

所以，我们在说一个人离世时也常常说其"撒手人寰"，表达了一种措手不

及的失落与悲伤。于是，我们宁愿相信亡者是离开了，离开了这个地方，去了另外的地方。因此，我们常常将"死亡"委婉地表达为"去世""走了"。

死亡导致的天人永隔是人世间最残忍的事。但生死不可避免，也不遂人愿。而丧礼则是以"不忍之心"为基础，通过一系列的仪式环节为亡者的故去做一个总结，并为亡者开启一段新的旅程。通过仪式来转化寄托情感，表达哀思。

自古以来，人们就非常看重"死亡"，《孟子·离娄下》认为，"养生者不足以当大事，惟送死可以当大事"，时至今日，中国很多地方举行丧礼时，都要在大门口贴上白纸黑字的"当大事"。

丧礼是中国传统文化中非常精密、重要的一环，有着悠久的历史，又在不断发展中融入了多种文化元素，有鲜明的地域性、民族性，内涵丰富多彩。丧礼从亡者始死，到出殡埋葬，有非常详细的程序和内容。

| 当大事 |

丧礼服制与仪式过程

丧礼服制与仪式过程

一、丧礼服制

在谈中国传统丧礼仪式过程之前，我们先要了解一下丧礼服制，也就是举行丧礼时如何着装。丧礼服制是通过着装烘托悲伤，同时，更是通过着装区分尊卑、亲疏，并延伸成一套严密的亲属网络制度。

《仪礼·丧服》一书将丧服分为五个档次，每个档次中又根据亲疏、贵贱有等级差异，从丧服的材质、制作工艺、穿着时间、丧服的款式等各个方面进行区分。这五个档次依次是：斩衰、齐衰、大功、小功、缌麻，也就是所谓的"五服"。

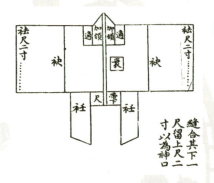

丧服上衣形制（前面）

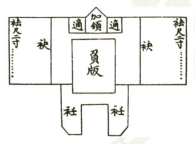

丧服上衣形制（后面）

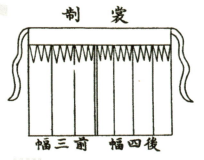

丧服下裳形制

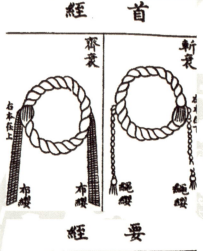

経 首

齐衰

斩衰

右本在上

布缨　布缨　绳缨　绳缨

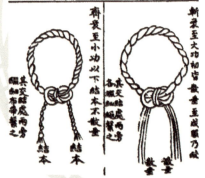

経 要

結本　結本　散垂　散垂

斩衰冠

绳缨

丧服包括上衣、头带（首经）、腰带（要经）、帽子（丧冠）、鞋子等。

斩衰，是最重的服制，服丧期为三年。儿女为父亲服丧、父亲为长子服丧、诸侯为天子服丧、妻子为丈夫服丧等，遵行斩衰。所谓"斩衰"，斩是指动作，就是直接用刀把布砍下来，因此布的边缘会比较粗糙，以"斩"的动作表达亡者去世带来的创伤。斩衰是不缝边的，做工极其粗糙，表示死亡猝不及防，十分悲伤。五服所用的布均为麻布，斩衰用的是带籽的麻布。由不缝边、带籽的粗麻制作而成，斩衰穿着的感受应该是非常不舒适的，也正是通过这种不舒适表达哀痛。

齐衰，次于斩衰，服

丧期分为三年、一年、五个月和三个月四个等次。母亲为长子服丧、子女为母亲服丧等，遵行齐衰三年；丈夫为妻子，孙子为祖父母等，遵行齐衰一年；为曾祖父母等，遵行齐衰五月。为高祖父母等，遵行齐衰三月。齐衰所使用的麻布要比斩衰色泽明亮些，需要缝边，织法也稍微精细些，但仍然是很粗糙的。

大功，服丧期分为九月和七月。大功，"功"的意思就是要对麻布进行一定的加工，因此大功所用的麻布相对斩衰、齐衰要精细不少。因为服丧者与亡者的关系也渐远了，相对而言悲伤程度不同。

小功，服丧期为五月和三月。小功麻布的加工相较于大功又再精细些，麻布已经比较亮泽滑净了。

缌麻，服丧期为三月，虽然还是麻布，但经过加工以后，麻布已经细腻如丝，故而得名。作为五服最浅的一层，是为家族以内关系比较远的亲属所服之丧。而出了缌麻的服丧范围，也就是出了"五服"的亲族了。在中国传统文化看来,"五服"不仅仅是丧服制度,更是区别诸亲族亲疏远近的标准,并依此以本人为中心划分自家的"五服圈",出了"五服"也就不算什么亲属了。河南民间将五服之内称"紧门",

本族五服图

图之族本（周制）

（本族五服图，以"已身"为中心，分列斩衰、齐衰三月、齐衰五月、大功、小功、缌麻等丧服等级，环列祖、父、子、孙、曾、玄及姑、姊妹、妇、女等诸亲。图左题"降本服一等"，图右题"凡子出继皆"。）

而超出五服的同宗同姓亲族则仅以"远门"相称。对于相互之间往来密切的"远门"称"老亲"或"无服亲"。

《仪礼》对五服的记载最为详细,在其后的社会发展中,丧服逐渐发生变化。宋代朱熹《朱子家礼》记载,当时民间的丧服,齐衰用布太细,而大功、小功用的都是苎布。

而随着时间的推移,各地又根据自己的风俗习惯使丧服日趋简化。

甘肃永登,亲生儿女及侄儿侄女要披麻、穿孝衫,头、腰、脚上都要有麻;女婿、甥儿等,一般腰系麻,穿孝褂;孙子辈及一般亲戚戴孝帽,重孙辈在孝帽上挂一点红布以示区别。有的凡来奔丧者都需要戴孝帽,这叫"泼海孝"。戴孝戴到盖棺后脱孝。

四川犍为县在民国时期已开始逐步革易丧服，近亲用粗白布，远亲用细白布，或腰系苎麻。

在民国时期，湖南常德的公务人员遇有丧葬吊祭，胸挂白花，手臂佩青纱，衣服没有定制，只是色彩不宜鲜艳。

新中国成立后，移风易俗丧仪从简，服制渐改为扎白头布，系白布腰巾，裱白鞋，公务人员则用黑布作袖章或用白线绣一"孝"字，父死戴于左臂，母亡系于右臂。

山西闻喜传统丧礼上女儿、儿媳丧服

所有仪式环节。从生命突然停止的猝不及防，到如何妥善地安葬，每一个环节都渗透着人们对生命的情感与怀念。

尽管时间不断推移，社会风俗各种变化，但传统丧礼的仪式的环节基本保持稳定。礼仪经典《仪礼》记载，丧礼包括：初终、小殓、大

二、仪式过程

所谓丧礼的仪式过程，就是从亡者始死，到下葬的

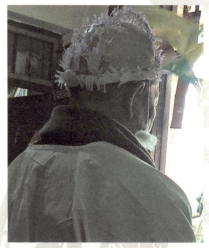

| 湖南湘乡丧礼上孝子头戴的灵冠（首绖）

| 湖南湘乡传统丧礼的帽子（丧冠）

| 制作灵冠

殓、成服、朝夕哭、迁奠、祖奠、发引、窆、反哭、虞祭、卒哭、祔、小祥、大祥、禫。《朱子家礼》记载的丧礼环节大致包括：初终、小殓、大殓、成服、朝夕奠、治葬、迁柩、朝祖、祖奠、遣奠、发引、及墓、下棺、成坟、反哭、虞祭、卒哭、祔、小祥、大祥、禫。综合各资料和当代民间传统丧礼的情况，丧礼仪式过程主要包括：初终、小殓、大殓、成服礼、奠礼、出殡、下葬、葬后祭。

初终

所谓初终，就是亡者刚刚结束生命体征这段时间，家人需要完成的仪式。

首先，在亡者弥留之际，要将其移到"正寝"，也就是中国传统住宅中的堂屋，因为堂屋是家中最神圣最核心的地方。对于传统的中国人而言，最好的死法就是"寿终正寝"，即生命自然消散，在家中的堂屋里走完人生的最后一段旅程，这被认为是有始有终，名正言顺的。

然后，要确定死亡的事实。因此，"始死"要用丝绵放置于亡者鼻孔，确定已经没有气息。很多地方还要在亡者脚底处点上一盏油灯，暖其脚心，避免诈死。而确定了死亡的事实以后，要为亡者招魂。古人认为，出入之气谓之魂，耳目聪明谓之魄，死者魂神去，离于魄，所以要通过招魂来使得魂魄重回一体。

根据《仪礼》记载，招魂之时，要站在屋顶，拿着亡者生前的衣裳召唤。如此做是为了"缘孝子之心，望

堂屋（正寝）

堂屋（正寝）

15

告门纸
（魂幡）

孝幡

得魂气复反"。也就是说，虽然已经确定亡者已死的事实，但作为亲人还是舍不得亡者离去，希望做最后的努力，将远去的亡者招魂回来，以充分地表达哀思。接下来，则要为亡者设铭旌。根据《仪礼》记载，铭旌要用长半幅、宽三寸的黑布写上亡者的身份、姓名等，挂在三尺长的竹竿上，立在庭院的西阶上。当代民间传统丧礼中，犹可见此俗。

小殓

小殓是为亡者穿衣的仪式，在小殓正式举行之前要对尸体进行初步的处理，为亡者沐浴、饭含。

为亡者沐浴是从先秦至今一直保留的仪式环节。根据《仪礼》记载，为亡者沐浴需要由专人从井水中取水，烧热。然后先为亡者洗头、梳头，并用布把头发擦干，接着为亡者沐浴并擦干。中国很多地方还有"买水沐尸"的习俗，沐尸的水需要由孝子敲着锣去自然水体（河流、泉、溪、池塘之类）投入铜钱"买"。回来后烧热，加入柚子叶之类为亡者擦拭。沐浴后还要为亡者修剪手脚指甲和胡须。用丝带束发髻，并插上笄，再穿上明衣裳（即最里层的寿衣）。

沐浴之后是饭含，即在亡者口中放入贝，后来民间还有在亡者口中放入米饭、金子、玉石等。然后再给亡者穿上外衣，盖上被子。根据《仪礼》记载，这一环节非常繁复，需要用"掩"将亡者头裹住，掩即裹首，类似幞头，将幞头的两脚系结，

然后用新绵填充耳朵。再用"幎目"覆盖面部，四角系结。接着为亡者穿上屦。再依次穿上爵弁服、皮弁服和褖衣，戴上帽子等。最后用"冒"从头到脚裹住亡者，并盖上被子。小殓后的夜晚要在庭中点起大火把。

在山西临汾，小殓给亡者换的衣服称为"寿衣"，包括内衣、单衣、夹衣、棉衣。男性多为长袍马褂，女性多为罩腰裙子。先着内衣，次着单衣、后夹衣，最后外面套以棉衣。寿衣的颜色，内衣、单衣多为白色，夹衣、外衣多为蓝色或黑色，鞋则全是黑色。寿衣的件数，有的地方讲究用单数不用偶数。普遍忌用兽皮、毛料及灰色布料。

山西襄汾讲究用白布

束身，或用麻披束身，停放时脚前头后，躺卧整齐。这称"停丧"或"停尸"，山西大宁地区称"落炕"。在此期间要用一块布盖在死者脸上。

山西曲沃地区用红布，有的用毛巾、手绢，有的盖一张白麻纸，俗称"打善面纸"。蒙面布也好，蒙面纸也罢，古时都称为"面衣"，其原型就是《仪礼》所言之"幎目"。据说，这一形式与春秋时的吴王夫差有关。东汉应劭的《风俗通义》记载，夫差不听伍子胥的劝谏，以致国破身降。临死时觉得羞于在阴间再见到先死去的伍子胥，便让人在他脸上蒙了一块绢帛才咽了气。

大殓

大殓是将亡者的尸体放入棺木之中，加盖封闭，以备出殡的仪式。《仪礼》记载，小殓的第二天举行大殓仪式。大殓之时，家人要围绕在棺木周围，然后请人将亡者尸体放入棺木，众人吊唁、瞻仰遗容。然后将棺盖上，把经过焙炒的黍稷撒在棺四

| 大殓仪式 |

周，并在棺上堆放树枝，再用泥涂封。封好后，将铭旌放置在棺前。然后设奠祭祀。到了宋代，根据《朱子家礼》记载，大殓时，侍者与子孙、妇女等要一起抬起尸体放入棺中，并将亡者生前所落的头发、牙齿及所剪下来的指甲放在棺材的角上。在棺内的空缺处，将衣服卷起来填满，以保证在抬棺的时候尸体不会摇动。

在山西临汾地区，大殓前孝子要在棺材上摔一个碗，俗称"送碗"。然后，整理棺内，抹缝裱糊。襄汾一带，要用松香水来补棺缝，用黄色的绸子裱住棺内四周，取意为"金碧（壁）辉煌"。石灰、松、柏枝铺在棺底，然后将棺材抬入北房正厅，按风水先生所指方向、位置，放好、垫稳，再往棺材内铺一床白布装草（有的地方用七根谷秆）做成的草褥子，再将亡者尸体移入棺中。

成服礼

成服礼是亡者的五服亲属正式更换丧服的仪式。由于亡者去世猝不及防，因此，丧服的制作、准备需要一定的时间。《仪礼》记载，亡者初终第三天举行成服礼。五服之亲都要按照服制规则穿好丧服，该挂杖的都挂杖。成服礼这一天才能开始食粥，前面三天不能进食。而《朱子家礼》规定，大殓后第二天，死之第四日，清早，"五服之人，各服其服，入就位，然后朝哭，相吊如仪。"

奠礼

奠礼是在治丧期间祭祀

亡灵的仪式。当代传统丧礼的奠礼分为朝中夕奠礼、客奠礼和堂奠礼。

　　丧礼正式开始便设朝、中、夕奠。未成服的早上不设朝奠，举行家奠、堂奠的当天不设夕奠。朝、中、夕奠的程序基本一致，也相对简单，排班礼、陈设礼、三次献祭，省视礼和盥洗礼被简略，由孝子、孝眷、孝亲参加，礼生诵读奠文后，将奠文烧掉。根据《仪礼》记载，朝夕奠就是大殓以后，每天的早晨和傍晚，都要到殡宫哭。朝夕哭时要为亡者设馔祭奠，为朝、夕奠。据《朱子家礼》记载，朝奠是每日晨起，主人以下就穿好丧服就位。尊长坐着哭，卑者站

着哭。奉香烛，设酒水、蔬菜、水果、肉泥、肉脯祭祀。

　　客奠是亲属祭奠亡者的仪式，参加的都是亲属中的晚辈，客奠按亲疏分场次进行。

而家奠礼又叫堂奠礼，家谱中还将之称为祖奠礼。家奠献祭过程较其他内容要丰富。

出殡·下葬

根据《仪礼》记载，出殡前，先接受、陈放各种赠送的助葬物品，第二天黎明，在家庙门外陈五鼎祭祀，然后陈设明器。参加葬礼的宾客进入宗庙，主人行拜礼。

撤奠者将奠物撤下摆设在柩车西北边，再开始设葬奠。

根据《朱子家礼》记载，亡者下葬之前要以石灰、细沙、木炭末、黄土等混合做防潮处理，并制作墓志铭。出殡时棺木一般由八到十六个人抬着，家人、亲属一路跟随。到埋葬之地，家人留下，宾客拜辞。在墓地的左侧祭祀后土，随后安设棺木，

出殡准备

掩埋。

山西代县出殡，鼓乐导引，后随"纸火"，即各种各样的纸扎用品。男送殡者列队前行，女性乘车于后，号啕大哭，抬棺入坟埋葬。甘肃永登出殡也叫送殡或送病，多在拂晓时进行。先吃面条，俗称"喝起灵汤"。再放炮，亲友邻居起灵，孝子扯纤，孝女扶棺，不准哭。

灵柩出门时撒路灯，沿途扔撒圆形纸钱。安葬时，要由孝子先背一下棺材头，然后众人用绳索将棺材徐徐放入墓坑，填埋壅土成冢，孝子再焚纸致祭。回到家门时，孝子磕头请送殡者进屋款待。家人事先在门上燃一堆火，放一盆水，盆内置一把菜刀。送殡者跨越火堆后洗手，象征火烧、刀割、水洗病邪。

葬后祭：小祥、大祥

从亡亲之日起，经过一年叫头周年，为小祥；第二年叫二周年，为大祥；第三年叫三周年，为樽礼，是服满之期，又叫除服或换服。因为在承服期间，孝子不能穿彩色衣服。《诗经》记载："祥则冠之，禅则除之。"

在陕西城固地区，三周年除服之日，有功名地位者还请礼宾行除服礼（作祭文、歌除服词）。门上贴红色除服对子，如写"人子思亲非一日，先王制礼只三年"等。一般人家只念一天佛经，到坟茔焚香化纸钱。子女儿孙叩奠后都要挂红才往回走。殷实之家还请丝弦、围鼓取乐，欢宴嘉宾。在吉林长春地区，三年过后举行"忌祭"和"俗节祭"。

墓地

仪式要素

| 仪式要素 |

一、丧礼的颜色

在中国传统文化中，丧礼的代表色彩就是白色，白色蕴含了素寡、哀悼之意，被赋予了极大的文化内涵。故民间常以"白事"婉指丧事。白色究竟是如何成为丧礼标志性颜色，在丧礼上还有哪些颜色呢？

丧服五个层次的白色

丧礼的白色源于丧服的颜色，前面已经介绍过丧服了，那么丧服的白到底是哪种白呢？

其实，最开始"白"并非丧服的显著特征，中国冠服制度大概始于殷代，殷代崇尚白色，殷人多穿缟素，缟是一种细白的生丝或生绢织物。而在周代皇室规定的典礼和宴会上，祭服或礼服内要穿一件"中单"，中单一般是以白纱制成的长衣，即内衣，后又称"衫"。当时的人们穿着礼服时，会露出中单白色的边缘，看上去既有层次感，美观大方，又象征遵守及合乎礼制。而这种穿衣法一直沿用到明代，并且流传到日本。根据《礼记·郊特牲》记载，尧舜以上吉凶同服，只有白布衣和白布冠，后来人们渐渐地就将白布冠称为丧冠，又将白布衣做了一些调整制作成丧服。

丧服以五服（斩衰、齐衰、大功、小功、缌麻）为基本等级，体现出人与人之间各种亲疏远近、情谊厚薄。因此，丧服的"白"无论从外形还是内涵而言都有明显的差别。

斩衰所用的麻是雌麻，而齐衰所用是雄麻。雌麻带籽，而雄麻不带籽，因此雌麻制成的布更加粗糙。把几乎没有经过处理的麻布，简单制作成丧服。因此色泽上应该是麻布的原色，与一般意义上的白色有一定的差距。

大功用雄麻，且麻布要经过加工，质地自然会变得更加柔软，色泽也会更加洁白。而滑净的小功色泽就更加洁白细腻了。缌麻细如丝，其"白"的程度相对于斩衰就有了明显的差距。

另外，除了麻布的处理方式越来越精细，织布的升数也渐渐增加。斩衰三升、三升半，齐衰四升、五升、六升，大功八升、九升，小功十升、十一升，缌麻十五升抽其半。所谓"升"指的就是织物使用线的密度，升数越高，纺织就越密。从外观看来升数越多，丧服的"白"色也就更加精致明亮。

另外，随着服丧时间的推进，丧服也会逐渐减轻，例如《礼记·间传》记载："大祥，素缟，麻衣。"这里的麻衣就是在一般日常服装上包上素色的边。

而随着时代的发展，五服渐渐没有严格的差异，质地渐渐趋同，只在形制上依据亲疏有所区别。丧服的颜色也就逐渐被同一色度的白色笼统概括了。

丧礼仪式过程中的白色

丧礼中不仅丧服使用白色，在仪式过程中还有大量使用白色的地方，与丧服的白融为一体，以表达哀悼悲伤。

根据《仪礼》记载，初终之时，充耳用的新绵是白色的。民间有的地方亡者始死，要将尸体先放置在地上，然后用白纸幂面。为了昭告家有亡者，多以白纸书门，称"读礼"，也就是讣告。门外还要悬挂白幡，并用白绢制作魂帛。

根据《朱子家礼》记载，吊唁亡者也需要穿着白色，素服，幞头衫带，都是用白生绢制成。民间也有说孝家要赠送白布给吊唁者缠首。有的地方孝家答谢吊唁者，要赠送白布一片，称为"散孝"。奔丧也要换白布衫。民间出殡时，主人要赠送白巾、孝衣、回盒钱给参与路祭的人。

人们借由白色昭告丧礼仪式的举行，表达悲痛和哀悼。然而丧礼也并非全然的"白"，还有其他颜色也有参与。

丧礼中的其他颜色

传统丧礼中除了白色，还有一些频繁出现的颜色，例如《仪礼》《朱子家礼》中记载的缁、玄、𫄸、縓、赪、黰，以及家谱、地方志中记载的红色和绿色。

缁是黑色；玄是带有红色的黑色；𫄸是浅褐红色；縓是浅红色；赪也是浅红色；黰是灰黑色。

初终之时，根据《仪礼》

记载，亡者铭旌用缁布制作，长半幅，赪末，长终幅，广三寸。而为亡者遮脸的"幎目"正面是缁色，而里子是赪色的。为亡者固定双手的"握手"，正面是玄色，里子是纁色。而大殓时，套尸体的"冒"，上面是玄色而下面是纁色的。

而根据一些家谱记载，铭旌的颜色发生了变化，铭旌用于书亡者名号，"男用红绫女用绿绫。"后来铭旌被称为灵位，"男用红绫女用绿绫，有上辈者以小红笺写，命下两小字贴于右角。"

民间丧服中还有"花红孝"一说，湖南宁乡指对许字未婚之婿，则在其孝服拖头下裹以红布，称"花红孝"。而满族的"花红孝"则是指服丧期间，孙辈的发带要加一根红布条，曾孙则加两条。还有的说法是孙辈左臂戴红布，重孙辈戴花红孝。吉林伊通地区的满族，服丧时，子辈丧服上要钉上青布条，孙辈钉红布条，重孙辈钉绿布条，或穿花红孝，表示喜丧。

二、丧礼的动作

丧礼的主题是慎终追远，基调是悲伤的。而在丧礼仪式中，自然有相应的动作来表达这种情感。亲人离世，我们用什么方式表达自己的悲伤呢？

哭是表达哀恸的重要手段。但是哭在丧礼中并非没有节制，什么时候哭，怎么哭都是有详细规定的。

根据《仪礼》记载，小殓以前，由于死亡猝不及防，悲痛欲绝，亲人可以"哭无时"，也就是可以随时随地哭。但是小殓以后就不能再毫无限制地哭，因为过于伤悲会有损身体。此时，"代哭"，即家人轮流哭，只要有哭声持续即可。而三天后，又可以随时哭泣，尽情表述悲伤。哭又可"哭无时"。而大殓后，哀痛之情稍微减弱，全家男女每天只要早晚到殡宫号哭即可。出殡时又恢复"代哭"，因为棺柩就要离去，不忍离别而伤心哭泣。

由此可见，即使是在丧礼之中，悲伤的情绪也不能随意释放。礼仪之中情感的表述要有节奏、有节制。

而根据《仪礼》记载，还有一个与"哭"相伴随的，能够非常好地表达激烈的悲伤情感的动作——踊。

根据史料考证，踊的具体动作是引身向上跳跃。儒家把丧礼中的"踊"视为悲情的最高表达方式。踊时，踊者双足离地，向上跳跃，具体动作根据程度之别分为两种：一种动作幅度较大，跳跃的高度较高，看起来已全身脱离地面；另一种幅度较小，高度有限，未离地。前者为男子之踊，后者为女子之踊。有时根据与亡者的亲疏、踊者悲伤程度的强弱，踊的动作也会有所区别。

初终之时，亲人对亡者的死亡猝不及防，哭、踊随悲而发，不加节制，没有次数规定。而当有人来吊唁以后，丧主才开始听从吊唁者的安慰，"节哀顺变"。于是有了"成踊"，也就是说由此以后，哭、踊都要有节制。人们在着急、生气、悲伤的时候容易伴随自然的肢体动作，这些动作能够更尽兴地表达情感。而在丧礼中"踊"等动作的设置就是以情感的正常表达为基础的。但是这种悲伤又不能没有节制。因为丧礼的意义还在于转化，修复因死亡导致的危机。所以节制地表达悲伤也非常重要。于是"卒哭"以后丧礼向祭礼过渡，重心逐渐由"慎终"转向"追远"，原则上踊礼结束。然而实际上孝子的悲情并未随之而止，表达悲情的身体语言"踊"礼，也不可能随之而止。直至除丧之前，凡有客人来吊丧，都会设位哭拜而踊。

丧礼中还有一个仅次于"踊"的表达悲伤的动作，即"擗"。所谓"擗"就是捶胸号哭，往往与"踊"一起出现。《朱子家礼》记载的丧礼动作也以哭为主，没有了踊，但有擗。哭、擗常常同时出现。比如："招魂后，男女哭擗无数""小殓之时，主人主妇要冯尸哭擗"等。

有学者指出，如果将这些哭擗动作理解为用踊礼替代，那么后世丧礼中踊礼的消匿应当是从宋代开始的。而我们在后来的丧礼中见到的以"捶胸顿足，呼天抢地"形容极度的悲伤，也是与之有关的。因为元明以来，民间丧葬礼俗除了杂糅佛教和阴阳风水之术外，最大的文本资源便是《朱子家礼》。

三、丧礼的温度

死亡带来的是身体的终结，温度渐渐降低，凝结成冰冷的逝去。丧礼是肃穆的、悲伤的，看到的是黑白衬托的冷峻；听到的是生者的哭泣与不舍。而丧礼之中最难处理的是生者与亡者尸体的关系，因为尸体让人们直面死亡冰冷的事实。然而在丧礼中对尸体的处理却是有温度的，充分体现了人文关怀，表达了爱与尊重。

初终之时有为亡者沐尸的仪式，虽然斯人已逝，但水却仍是要烧热的。根据《仪礼》记载，从井中取水以后，由专人用水淘米，再将淘米后的水煮开，到适温后为亡者洗头、梳头，并用巾把头发擦干。最后用巾为亡者洗澡，并用浴衣将身上擦干。

这种"温度"一直延续到当代民间传统丧礼之中。

湖南株洲地区要在取回的水中加入皂角、冬青叶煮沸，兑水沐尸。有的地方是在水中加入七片檀香，将水烧热后抹洗尸体。湖南沅陵地区则是削桃树皮煮水沐尸。广西瑶族烧水浴尸，要用蒿枝、柏枝、檀香等和水煎煮。壮族则喜欢在水中加入柚子叶。

总之，无论在水中放入什么，沐尸的水始终是温暖的。即使在非常缺水的甘肃北部，亡者逝去也要取水烧热沐尸。那么，为什么亡者已逝，没有知觉，沐尸的却要是温水呢？

"沐尸"是一种"洁净"的仪式，象征着亡者完成了此生的旅途。而不论其文化如何解释死后的去往，未来都将是一段新的开始。尸体是冰冷的，但感情是温热的。不论生与死，人们力求以平和、温暖的态度对待亲人。因此，温水沐尸是对生命的尊重，对亲情的眷恋。

除了温水沐尸，很多地方的丧礼中还有点长明灯（长眠灯）的习俗。

《仪礼》中有对丧礼"燎宵"的记载，即守灵的夜晚通宵火把不灭。火把也好，灯也好，都是持续的生命象征。根据地方志记载，湖南中部很多地方从初终开始就要在亡者的脚底处点一盏"长明灯"。认为这种灯能暖脚心，避免诈死。

在贵州台江苗族地区，老人死后，没有固定的停尸位置，死者尸体大都停放在屋内的堂屋或火塘边，一般都在灵床下面点一盏"长眠灯"。

在福建漳浦地区，小殓后要将亡者尸体搬至厅堂，盖上"殓被"，脚尾放长眠灯和插筷子的米饭一碗。福建清流县的长眠灯是在大殓封棺以后点燃。

甘肃武威的长明灯是在初终之时点在亡者头的方向。

湖北五峰的长明灯是在初终之时，点在亡者头端的床下。

无论出于什么目的，点在什么位置，长明灯象征的都是温暖和光明，与死亡的冰冷与黑暗截然相反。

婚礼有暖房的习俗，丧礼也有。河南鹤壁地区，出殡那天的上午，儿媳要在墓坑内"暖房",即在墓坑四角各烧一把柴草。山西也有类似的暖房习俗,而陕西户县下葬之后的七天内,择一日夜,儿孙们要用豌豆蔓(或麦秸)拧成绳子,围绕墓地点燃,称为煨火,与"暖房"的意思相近,也有与近邻团结和睦共同抵御邪怪之意。"暖房"或"煨火"都是为了让冰冷的墓穴有温度,驱走邪祟,让亡者有一个舒适的"居所"。

总之,温水沐尸、长明灯、暖房都是以生者的感官为亡者考量,是一种基于对生命尊重的共情。

四、跳丧与孝歌

儒家丧礼以肃穆为主题,但民间的丧礼却因融合了各种宗教、民族、地域特色而有了更多元的诉求和表现方式。跳丧,以舞蹈的方式表述生者对亡者的哀悼;孝歌,则用悠远的曲调唱出绵绵的追思。

哀切悠远的丧歌

丧歌有久远的历史,可以上溯到远古时期。《孟子·告子下》中有"华周杞梁之妻善哭而变国俗"之句。广泛流传于湘、鄂、川、赣、桂一带,是少数民族和汉族共享的丧俗。丧歌在湘西黔阳一带称为"唱散花调";在华容地区称为"坐丧鼓";在湘中一带则称为"夜歌子";桂北一带称为"孝歌"。

湘中汉族地区的夜歌,被认为是古代丧葬歌舞的派生和分支。从内容上看,演唱宣扬的是忠义、孝顺等道德教化。但同时也体现出巫风蛮俗，若是溯源应该与楚人好歌的传统有关。楚地"信巫鬼，重淫祀"，民族意识强，各族群乐舞交流，因而楚人有好歌的习俗。传统节日、宗教祀典、人生礼仪都离不开歌舞。

根据《长沙市志》记载的"祖饯后唱夜歌子"歌词大意是安慰死者，开导儿女节哀，孝顺父母。有的丧家请两班人轮唱夜歌子，甲乙两班在唱词中互相提问，一问一答，此唱彼和；有时互相攻讦，唇枪舌剑，使听者兴趣倍增。唱赢的歌手被献茶敬烟。把丧事变成文化活动，虽然改变哀伤初衷，但仍不失民间一俗。

关于唱夜歌子的来历，湖南流传着这样一个民间故事。传说明朝有个贪婪的知

县，他挑选了九百九十九个女人为他大老婆哭丧。一天来了个卖唱的自告奋勇用唱歌代替哭丧。卖唱的用歌唱明褒暗贬，狠狠地骂了知县。知县发觉后将其五花大绑吊在横梁上，后来卖唱的不见了，绳索上留下一本书，书的第一页写着"我本天上一神仙，遥听哭声心里怜，得知人间丑恶事，留下夜歌后世传。"这本书后来流传下来，逐渐形成人死了就请歌郎唱夜歌的丧葬风俗。

夜歌子顾名思义，半夜才开始唱。根据巫俗传说，子时老鼠开始活动，亡者魂魄畏鼠，而唱夜歌能压邪。而关于唱夜歌的内容和时间安排，有一段夜歌道："一更开歌把门进，二更鼓响好道情，三更烧香并奠酒，四

更震动五方神，五更辞丧来指路，指条良路与新亡。"因此唱夜歌有一套固定的程序，根据《湘乡县志》记载：先锣鼓开场，由歌师念几句白，然后进入轮唱。先唱生离死别，抒发悲凄哀痛之情。然后即兴演唱可以对歌、比歌。对歌可以是盘歌，也可以是扯白口，还可以互相轮唱长篇故事。最后唱"解劫歌""辞别歌"，表达亡者对人世的眷恋，以及生者对亡者的慰藉。歌词凄切缠绵，宛转哀戚。围观者很多，使得灵堂不至于冷寂。

过去只有男的唱，现在则有男有女，一般一次请两人，亡者在家停几夜就唱几夜。在丧礼未正式开始前，停丧的晚上要唱，丧礼开始后，每晚所有仪式活动结束后唱。唱夜歌者也是专门从事此业务，声音要好，熟悉一些故事，将之编成押韵的歌词唱出来。

夜歌子演唱内容、形式都相对自由，俗语道："夜歌子冇得板，四六句子随口喊。只要上句对得下句音，大家热闹到天明。"虽然没有严格的几更唱什么的规定，但一般开头唱哀思追悼的内容。然后唱一些历史故事、传奇人物，以宣扬忠义、孝道。有唱英雄的，如十八条好汉；有歌颂德行孝道的，如香山记、苏天记、二十四孝劝世文、怀胎记、董永行孝、目连救母等；或者随心所想编成七字一句，共四句押韵则可。

唱夜歌守灵，从其形式而言，一方面，可以使得夜晚的灵堂不至于冷寂，以免让人产生恐惧，更加悲伤；另一方面，也是对尸体的一种守护。

从其内容而言，一方面，顿挫的音调，悲凄的内容能抒发悲伤的情绪，充分表达哀思；另一方面，除了帮助情感宣泄，夜歌更能利用这个特殊的时机进行教化，教人行善、友爱、孝顺、忠义。

丧歌悠远的吟唱能在宁静的夜晚，以和缓、绵长的形式倾诉哀思、传达教化、相伴守灵，因其独特的内容和形式而无法替代。西南诸多少数民族也都有自己的丧歌，比如《指路歌》《引魂歌》《引路歌》等。然而，有些地方在丧礼中不仅用歌唱表达情绪，还要随歌而跳起舞来。

灵前的律动：跳丧

"跳丧"或称"打绕棺"，流传于湖南、湖北土家族聚居地区，是土家族丧礼的重要活动之一。土家族认为，老人死了是"走顺脚路"，即"升天"。因此，不论去世的老人是男是女，名望是高是低，乡邻亲友们都要赶来帮忙，晚上参加跳丧。俗语道："人死众家丧，一打丧鼓二帮忙。"

"跳丧"的渊源久远。唐代樊绰所著《蛮书》记载："巴氏祭其祖，击鼓而祭，其父母初丧，击鼓以道哀，其歌必浩，其众必跳。"这与庄子妻子亡故，其鼓盆而歌似乎有相似之处。因此，跳丧是以舞蹈的形式，展现对亡者的哀悼，实现丧礼的意义。

土家族德高望重的老人去世则要举行跳丧，跳丧在晚上举行。在棺材的左侧放上木盆，盆上再放大鼓。跳丧的舞者穿着白衣白裤，头戴白头巾，腰系粗麻绳，每人持一对木槌儿击鼓而歌。踏鼓、接歌、起舞，围观者也可挤进表演者中争着跳。舞者要领着众人绕棺而行，舞者边跳边饮酒，借以除倦提神，尽情歌舞。

跳丧舞动作有单滚柱（单穿花）、双滚柱（双穿花）、老龙脱壳、黄龙缠腰、狮子滚绣球、双龙抱柱、野猫嬉虾、雪花盖顶、海底摸沙、童子拜观音等。整套动作胯部向前顶出，身体向后倾斜，有节奏地摆动。跳丧的动作活泼、自然、流畅、奔放，两肩有幅度地对称摆动。舞蹈步法多变，队形多变。

跳丧名目繁多，按音乐中的衬句定名的有"幺姑姐""幺年火""撒叶儿荷"；按动作调度定名的有"滚身子""倒权子""穿丧""大四门""小四门"；按演唱内容定名的有"怀胎歌""哑谜子"；按音乐曲牌定有"待尸""摇丧""双狮球""杨柳"等。

"跳丧"是独特的丧礼仪式，凝聚着土家族对生命的思考，生活的智慧以及高超的艺术创造力。

五、丧礼的祭品与赠物

丧礼的祭品

丧礼祭祀需要用到各种各样的祭品，整体上而言，主要有肉、酒、粮食。从古至今，种类并没有什么大的变化，只是制作的方法、精细的程度有所差异。

根据《仪礼》的记载，丧礼使用到的祭品主要有：脯：肉干；醢：用肉、鱼做成的酱；醴：甜酒；特豚：割解好的小猪；葵菹芋：即菹芋，不经刀切的全菜做成的菹叫作"芋"；蠃醢：蜗牛肉做的酱；脡：干肉条；腊：肉干；苞：裹奠羊豕之肉；醯：醋；屑：姜桂末；脾析：羊胃；蜱醢：蚌肉做的酱；糗：即用稻米粉和黍粉合而蒸成的饼；干：长肋；胳：牲体的后胫骨；肩：猪前胫骨的上部。

而祭祀时，盛放祭品的器物也有非常严格的讲究。随着时间的推移，有关祭品我们只能通过古文字想象，而盛放祭品的器物也还能在博物馆中找到实物。

豆是盛放食物的器皿，专用盛放腌菜、肉酱等。青铜豆出现于商代晚期，盛行于春秋战国。但出土和传世的青铜豆比较少，当时可能多用陶豆、漆豆和木豆。东周时期的豆一般都为深腹、环耳、有盖，盖圆隆，顶部有捉手或三至四个倒足形钮，可仰置。

笾是专用来盛放干果、干肉之类的器皿。青铜笾很少见，出现于春秋以后，其器形有盘、有柄、有圈足，和豆相类似，但盘极浅，柄较粗，上面常有镂孔，圈足也较大，又与豆明显不同。

鼎是我们在博物馆中最常见到的祭品盛物，是青铜礼器中的重器，用鼎是先秦礼制的核心。《仪礼》记载的丧礼所用鼎有较大的立耳（沿耳）或附耳，半环形腹或圆底腹，三兽足，有平盖或平顶盖，有的也无盖。

瓮、角和觯都是盛酒器；簟是盛饭的圆竹器；俎是盛肉的礼器；敦是盛放黍、稷、稻、粱等饭食的器皿。

当代民间丧礼，祭品种类也无外乎牲畜、粮食、酒水，但根据每个地方的物产、季节、民族习俗等而有所差异。贵州平善苗寨，丧礼出殡之前要在鼓楼一角摆上一张小方桌，桌子上摆有献祭品，三条腌鱼、一碗糯米饭、一碗花生米、三杯酒、三包香烟，还有一碗籼米，籼米里面点一炷香。

山西、陕西很多地方丧礼要供奉礼馍、面点、菜肴，

丧礼祭品

|二次葬金坛的
祭品|

湖南一带，在丧礼中，朝、中、夕奠祭祀的菜肴相对简单，有时就三碗菜、三碗饭及酒水，而客奠、家奠供品比朝、中、夕奠要丰盛，一般有十二大碗菜，有鱼、鸡、扣肉、虾、染成红色的粉丝、蛋卷、猪腰子、猪心、青菜、蘑菇、香肠、猪肉，菜都精心造型摆放，外加一碗米饭。按照传统，每场客奠都要换新的祭品，但是现

以及水果点心，而有的地方制作的礼馍非常精美、复杂。

|祭祀用的花馍|

在仅仅在上面淋上热汤即表示更换了菜肴。而盛放祭品的容器没有特别的讲究，菜品都是用一般的瓷碗，酒用小酒杯，茶用茶杯。

赠物

中国传统的礼仪活动都伴随着礼物的流动，也就是我们常说的"礼尚往来"，通过互赠礼物增进人际互动、加深感情。根据《仪礼》记载，丧礼中最常见的赠物包括：襚，即别人赠送给亡者的衣被；赗，赠送给丧家助送葬之物；赙，赠送给丧家办丧事的财物；赠：下葬的时候，主人放入亡者墓穴中的钱币。

当代民间丧礼中最常见的赠物包括：礼金、花圈、纸钱、祭幛等。花圈是在市场上买的，现在的花圈跟伞一样可折叠，需要用的时候再打开。而祭幛相当于《仪

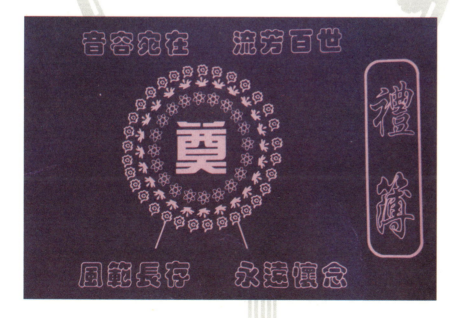

丧礼礼簿

| 制作纸扎 |

| 制作中的纸扎屋子 |

礼》中的"襚"，即被子。花圈和祭幛上都贴上白色纸条，写"千古流芳"之类的哀悼语，以及赠送者的名字。贵州镇宁布依族丧礼时，亲

友赠送的礼物主要包括现金、糯米饭、鸡，荤、素供桌，猪腿，祭幛（过去都是纯色布，现在都送实用品，如毛毯、床单、被子等），蜡烛、香、纸钱、鞭炮、酒、祭文等，现在还有花圈。祭品的多寡，根据亲疏情况而定。经济条件好的女婿、外家和其他内亲，有用活猪、活羊下祭的，即把活猪、活羊拉到灵堂前杀了祭奠，或把宰杀好的整头猪、羊抬到灵前祭奠。而当地汉族不论举行哪种祭祀仪式，内亲都要送纸扎的祭祀品，如纸扎的马、羊、猪、房子、轿子等。在甘肃河洮岷地区，至亲除了送礼金、花圈、祭幛，还要外加奠汤一份（三把生面条，一罐荤汤）、莲花（或锅盔、蒸馍）九个。

六、丧葬纸扎

古代丧礼下葬时会带入一些随葬器物，称为"明器"，或称"冥器""盟器"。

明器一般用竹、木、陶、石等制作而成。明器一般是日用器物的仿制品，另外也有车船、房屋、家具等。甚至还有人物及畜禽的偶像（即"俑"），秦始皇兵马俑就是给秦始皇陪葬的士兵和战马的陶俑。

从唐代开始，随着造纸术的成熟，纸张开始逐渐应用于丧葬之中。而北宋以后，出现了纸扎的明器，家具、器皿、房屋，都随葬礼焚化。

宋代赵彦卫所著《云麓漫钞》记载："古之明器，

神明之也。今以纸为之，谓
之冥器，钱曰冥财。冥之为　　言，本于《汉武纪》用冥羊
马，不若用明字为近古云。"

纸扎用品

纸扎别墅

纸扎在历史上所出现的工种和行当很不统一，多是相互交叉，从制作者角度来说，并非一种职业。如北宋时代的"装銮作""打纸作""冥器作"，可能都属于此，并且有专门的"纸铺"。宋代《梦粱录》记载了苏杭一带的纸扎铺，而当时纸扎匠人被称为"扎彩匠"。纸扎楼台在北宋都城东京已是上市销售的商品，《东京梦华录》中记载："纸马铺，皆于当街用纸衮叠成楼阁之状。""衮叠"可能指用纸卷成梁柱，再用纸折叠成墙面和房顶的立体纸扎制造工艺，只有专业人士才能胜任并制作。

而明清两代，纸扎在民间已很普及。明代黄佐所著《泰泉乡礼》"乡礼纲领"中规定："凡丧事不得用乐，

纸幡

纸扎 百宝箱

及送殡用鼓吹、杂剧、纸幡、纸鬼等物，违者罪之。"可见黄佐等"士大夫"主张"不语怪力乱神"，禁止在士大夫丧礼中使用"纸鬼"等物。然而这种礼俗在寻常人家却是司空见惯。

《太平广记》中就记载一段神奇而荒诞的"隔空喊话"的故事。从前，有一个名叫卢颀的人，他死去的舅父有一天突然托梦，说要带走家中一个人。这让全家人非常害怕，生怕被舅父索命。于是，卢家人立刻去"纸铺"，请纸扎师傅扎制了一个纸人，并在纸人身上写上名字。全家举行仪式拜祭舅父，并将写了名字的纸人焚烧。此后，相安无事，全家太平。

而民间认为纸扎的房屋多为亡者在另一个世界的住所。因此，大门上书贴对联、房间内有盛放元宝的箱子，房屋里还要配备地契和告示。这也充分说明，人们对于另一个世界的想象，就是现实生活的投影和再现。付之一炬，熊熊燃烧的是生命的希望。此生的海市蜃楼，来生的身临其境。

至今，民间的丧礼中还常见各种类型的纸扎用品，纸屋、纸百宝箱、纸衣服、纸元宝等。当代民间传统丧礼中，做纸扎活的主要材料有竹子（取来的是一根大竹子，用刀根据需要将竹子劈成长短、粗细不同的竹条）、各色纸（白的、红的、绿的、黄的、花色的）、还有很多半成或现成的装饰物（比如电视机、保安、汽车、宠物等模型，以及一些装饰的窗子、花等）、浆糊（自己用面粉熬制）、事先搓好的白纸绳，工具有劈竹子的刀、剪刀。一般先做孝子打的幡、引魂童子和过桥仪式要用的桥等纸扎活，然后开始做两个大的幡，最后制作纸屋。丧礼纸扎活中的重头戏是扎纸屋，纸屋一般是两层楼，多个房间，每个房间按照功能安排放置不同家具、家电等，不说非常精致，但考虑周到，也很形象。扎纸屋时，先将屋子的框架搭好，用到长短不等的各种竹条，用纸绳子连接。然后再在上面糊上纸，最后贴上装饰物。说起来简单，但是扎一个纸屋要花费一天半的时间。天气潮湿，纸张都比较润，也增加了工作的难度。纸屋一般大约一米五长、一米二高、

八十厘米宽。还要做一个纸百宝箱，内装衣服、鞋子、首饰等纸扎用品。

纸扎师傅除了在丧礼

|纸扎 引魂童子|

|纸钱箱|

|即将焚烧的纸扎屋子和纸钱包|

中做纸扎活外，每年的七月十五也有很多业务，很多家庭都会来订购用于祭祀的纸活。

纸扎一般使用的颜色都非常鲜艳，强烈的对比以给人产生热烈激昂、秀丽精巧、繁复多彩的感觉，所以看起来会显得格外绚丽而热闹。不过颜色也往往有它的内在含义，常被作为象征手段加以延伸，成为观念性的阐释和象征性的比附，成为人生或自然意义的符号。

在纸扎作品中，金、银、黑、绿这一组颜色常被同时使用。大自然在民间信仰中分为三个部分，即天、地、水三界，三界各有众神仙。金色表阳光，象征天界；黑色、绿色表土地、山，象征地界；银色表水面，象征水

府。或又有分法以黑色代表冥界，绿色代表人间。因此纸扎中才会如此使用这四色的搭配。

七、祭文

祭文是一种古老而广泛运用的实用文体，很早就被用来祈祷晴雨、驱邪避祸、祈求福报、哀悼亡者。随后渐渐发展为以哀悼亡者为主的文体，主要用于颂扬亡者生前的功德，表达后人的哀痛之情。祭文书写要求语言精炼、扼要、简明，切忌拖泥带水。古代祭文需要押韵，且一韵到底，也可变韵，押两个以上的韵。押韵的祭文顺口、和谐，且能烘托哀伤气氛，便于抒发悲伤情感。近代祭文则较为自由，可长可短、可韵可散。

当代丧礼的祭文多是礼生在丧礼的成服礼、朝中夕奠礼、家奠礼、堂奠礼中代表家人为亡者诵读的哀悼、追思文本。不同的仪节用不同的祭文，格式虽然基本一致，但内容上有所区别。

祭文有大量可以参考的范文，于是固定了一些基本句式和常用描写，但在丧礼实践中撰写、诵读祭文则是对礼生的考验。礼生书写一篇好的祭文需要熟悉孝家情况、文笔优美、精通礼数；声情并茂地诵读祭文则要有浑厚的嗓音和良好的记忆力。

《朱子家礼》开始有丧礼文书的记述，包括致赙奠状、谢状；慰人父母亡疏、父母亡答人疏；慰人祖父母亡启状、祖父母亡答人启状

| 礼生写讣告、挽联祭文 |

三种。家谱和民间礼书中记载了大量的祭文。

根据民间礼书，按照所使用的不同场合，祭文可以分为：朝奠荐文、中奠荐文、夕奠灵文、堂奠文、释教后堂奠文、荐父言念、荐母言念、设荐祖位文、敬福神文、告祖文、朝祖文、存枢告祖文、敬司命文、启门神文、外神类、请水文、启功曹文、奠土地文等。

朝奠荐文如：

祖德虽遥，宗灵宛在。奉先所以思孝。追远即在慎终。今为某逝，家奠礼行，敬其所尊。左右俨然洋溢，思其所好。朝夕荐厥馨香，兹者晨炊已毕。朝奠礼行，伏祈歆格护佑亡人。

中奠荐文如：

没虽殊时，孝惟一致。神灵既萃宜有聚首之伤，甘旨是陈应同当食而叹。兹修

午奠，依然从一饭再饭之常。伏乞先灵，不必有新鬼故鬼之别。以妥以侑来格来歆。

夕奠荐文如：

鹤唳鸟啼情凄，中夜星稀月落。泪洒残更，昏定无异。生前难色笑进膳，岂忘殁后不逮鸡豚？虔进夕飧，伏祈昭格。

堂奠文如：

呜呼！我某竟弃儿曹，恸深恩之罔极悲，一往以云

祭文

遥。勤俭贻谋不尽，光前之志，读耕垂训难忘。鞠子之遭，奈从前之问视已疎，徒伤风木怅。此际之瞻申孝享于香醪，挂去后之心赐不胜戚戚。奠灵前之鸡黍曷禁哓哓，某兮有知默歆微恫。灵其不昧尚鉴疏筵。

朝中夕奠文一般都会利用景、物点明时间，简明扼要地抒情。固定格式如：伏祈、来格来歆、尚享等。堂奠文、祭某文则除了借物、借景抒情，点明季节等，更要说明亡者与自己的关系，以此为出发点抒发怀念、哀悼之情。固定格式如：呜呼、伏惟、来格来歆等。

按照祭文面向的对象，祭文又可分为：祭祖文、祭祖母文、祭伯父文、祭伯母婶母文、祭兄文、祭弟文、祭妻文、哭子文、哭姪文、祭姊妹文、祭嫂文、祭舅氏文、祭岳父文、祭岳母文、祭外祖母文等。

例如，祭妻文：

呜呼！半世鸳鸯化作孤飞之鸟，一声霹雳剖开连理之枝。错认了偕老百年，到于今终成一梦。说甚么齐眉举案，从今后哪得团圆。驾已将行，挽之不住。深山无伴，三更独卧。黄泉冷被如冰，一夜孤眠白首。我诚有恨，卿已无情。若女若男，个个是生前骨肉。或婚或嫁，椿椿呈死后心肠。已焉哉，已焉哉。事去矣，事去矣，倘教来世有缘再结同心之果，到底今生无望，永烧断头之香。

祭岳母文：

文湖风惨，姑浦波寒。

泰水忽竭，我心悲酸。念自当年，输投玉镜。慈母仪容，温和柔顺。母德多慈，爱人如己。日用起居，慎而有礼。孝顺可风，桑梓克睦。断杼和凡，殷勤课读。教子以义，教某以情。情义并尽，子与婿均。遣女来归，诏宜家室。往送之门，彤管法习。母曰勉哉，妇德有四。挽鹿推车，恩谊并至。某时安问，母喜动颜。以留以挽，进爵加餐。营霜胡烈，倏尔捐尘。展言行实，笔难缕陈。呜呼！已哉我恨，伊何瓣香杯酒。蒿里悲歌，母其有知，曰惟予婿。来格来歆，庶几无射。

祭妻文强调夫妻连理之情，阴阳永隔却难以割舍。祭岳母文渲染岳母懿德，慈祥美好。可见，这个时期祭文种类繁多，针对性强。

一般来说，祭文都是别人为亡者所写的，但是陶渊明却为自己写过祭文：

岁惟丁卯，律中无射，天寒夜长，风气萧索，鸿雁于征，草木黄落。陶子将辞逆旅之馆，永归于本宅。故人凄其相悲，同祖行于今夕。羞以嘉蔬，荐以清酌，候颜已冥，聆音愈漠。呜呼哀哉！

茫茫大块，悠悠高旻，是生万物，余得为人。自余为人，逢运之贫，箪瓢屡罄，绨绤冬陈。含欢谷汲，行歌负薪，翳翳柴门，事我宵晨。春秋代谢，有务中园，载耘载耔，乃育乃繁。欣以素犊，和以七弦；冬暴其日，夏濯其泉。勤靡馀劳，心有常闲；乐天委分，以至百年。惟此百年，夫人爱之，惧彼无成，愒日惜时。存为世珍，没亦见思，嗟我独迈，曾是异兹！

宠非己荣，涅岂吾缁？摔兀穷庐，酣饮赋诗。识运知命，畴能罔眷？余今斯化，可以无憾。寿涉百龄，身慕肥遁，从老得终，奚所复恋？寒暑逾迈，亡既异存，外姻晨来，良友宵奔。葬之中野，以安其魂，窅窅我行，萧萧墓门。奢耻宋臣，俭笑王孙，廓兮已灭，慨焉已遐。不封不树，日月遂过，匪贵前誉，孰重后歌？人生实难，死如之何？呜呼哀哉！

陶渊明为自己书写的祭文可见其人生的追求与理想，以及对生命的思考。

现在的祭文已经非常简化了，然而，通过祭文叙述亡者生平，抒发生者哀思，以生者的文采斐然，声情并茂，无疑是极好的慎终追远的方式。

传承与变化

| 传承与变化 |

中国的创世神话记载："天地混沌如鸡子，盘古居其中，万八千岁，天地开辟，阳清为天，阴浊为地，盘古在其中，一日九变，神于天，圣于地。天日高一丈，地日厚一丈，盘古日长一丈，如此万八千岁。天数极高，地数极深，盘古极长。后乃有三皇。"盘古开天辟地后，生命是如何延续和转化的呢？

《述异志》记载："昔盘古氏之死也，头为四岳，目为日月，脂膏为江海，毛发为草木。秦汉间俗说：盘古头为东岳，腹为中岳，左臂为南岳，右臂为北岳，足为西岳。先儒说：盘古氏泣为江河，气为风，声为雷，目瞳为电。古说：盘古氏喜为晴，怒为阴。"

可见，创世神盘古"垂死化身"而孕育天地的一切自然物。这种思维体现了原始初民与自然相生相依的和谐关系，同时也表现了原始初民灵魂不死的观念和生死态度。这种生生不息，一直流淌、渗透在中国传统文化之中。中国人也许一直以来都倾向于在更广阔、更久远的时空之中，寻找自己的位置，以获取充足的认同感与归属感。因此，人们认为死亡不过是时空的转化，而丧礼是这场生命情境的节点。

一、丧礼的变迁

在当代社会中，我们倾慕于生活的"仪式感"。因为"仪式感"展现的是一种生活的节奏。而丧礼体现的正是一种与人的生命浑然天成的节奏感。

《仪礼》《礼记》为丧礼奠定了经典的模式，虽然其后经历了极大的变化，但丧礼的基本框架至今仍没有根本的变化。而由于唐宋文化的变化，司马光的《书仪》、朱熹的《朱子家礼》简化丧礼，使其简单易行，被普罗大众接受，再到明清丧礼仪式结构一脉相承。民国时期社会发生急剧的变化，政府也推行不同的丧葬政策，但丧礼传统依然没有发生根本

的改变，很多地方依然按照传统的方式践行丧礼。

1949年后，随着社会主义新文化建设的推进，中国的社会结构发生深刻变化，削弱了以父系家长制为中心的家庭纽带，不同程度地限制了传统的丧礼仪式实践与传承。

改革开放以后，伴随着民众日常生活的需要，传统的民间信仰和礼俗生活又开始复苏。传统的丧礼在融合了当代生活元素以后，又开始逐渐复兴。虽然社会发生了极大的变化，但是丧礼体现的生命时空的转换是不会改变的。

二、孝文化的传承与归属感的建构

在民间丧礼中，常见

"孝"的称呼。服饰被称为"孝服""孝帽""孝棍",主办丧礼的主家称为"孝家",祭文、仪式上称呼"孝男""孝媳""孝孙""孝服人等",讣闻中称呼"不孝男"等。对亡者使用最尊敬最隆重的称呼:"显考妣""老大人""老孺人";称呼年龄用"享寿""享年";祭文、喊礼中用"呜呼""噩耗""惊闻"等词表达哀恸。讣闻、挽联、祭文都要用尊敬、缅怀的词藻,展现亡者孝顺父母,友爱兄妹,慈爱子女,与人为善等优良的品格和高尚的道德。用"春光""杨柳""馨香"等景物衬托"肝肠寸断""阴阳永隔""溘然捐尘"的悲痛。这些文字的使用抒发生者悲伤之情,表达尊敬,彰显丧礼之慎重。

|民俗学之父钟敬文先生落葬仪式|

巴莫曲布嫫 摄

而丧礼中，跪、拜、绕行的动作，完全异于当代民众的日常生活，可以说仅仅通过这些动作就能形成一种强烈的仪式感。这种强烈的仪式感能将民众更快速地引入丧礼的情境中，更投入地体验"过渡礼仪"。

如此仪式本身也能达到最好的效果，帮助宣泄情感，进行"孝"的教化，巩固亲属圈。

"孝"之践行不仅要表现亡者的哀悼与尊敬，更重要是将亡者视为即将进入祖先集团的家族成员。丧礼的前提在于对祖先的崇敬，并且相信祖先与后人之间有效沟通的可能。在宗族、家族体系之内，死亡是一种过渡，是由生者集团进入祖先集团的过程。丧礼中借由焚香、敬酒、敬茶、供奉供品和筵席、祭文等，沟通亡者与生者。

丧礼完满结束之后，亡者则晋升祖先集团，获得接受祭礼的资格。现在落葬之后已经没有小祥、大祥、禫等仪节，但还有各种祭祖的仪式，以及清明节、中元节、寒衣节这样有关死亡的节日。人们祭祀先人而强调生者与亡者的亲属联系的延续性。根据湖南传统，亡者逝世后的第一个生日，叫"阴生""冥诞"，丧家要置酒饭祭奠。死后第一个中元节要提前几天祭祀，叫"接新客""烧新包"。民间有的将办丧事时的纸札灵位牌保存，每天祭奉酒饭香茶，俗称"留灵"。直到死后一周年才将灵位撤除焚化，俗称

"除灵"，旧称"小祥"。除灵之后，直系晚辈亲属解除守制。亡者逝世的第二年春节，亲属去墓地给死者"拜年"。在湖南双峰、涟源等地，丧家设灵堂，门前贴丧联，亲友和乡邻到孝家堂屋亡者的灵位前烧纸钱跪拜，俗称"烧新纸"。新化、安化等地，老人死后第二年的春社前三日，亲属要在死者坟头张挂彩筒，谓之"挂社"。有的只挂一年，有的要连挂三年。

祭礼与丧礼一样都是一套复杂的礼仪系统，是丧礼的延续。全国各地各个民族都会在相对固定的时间祭祀自己的先祖。比如北方汉族在清明祭祀黄帝、瑶族的盘王节祭祀盘瓠、壮族的三月三祭祀布洛陀，这些都是各民族对远古祖先的祭祀。通过仪式在辽阔的历史时空中寻找认同与归宿。而与死亡有关的节日，在民众日常生活中体现的则是生者与亡故家人的一种联系。通过这些节日，我们祭祀、缅怀祖先，也确认自己从何而来。因此，

| 祠堂 |

我们祭祀时，供奉的除了距离自己很近的亲人，还有"列祖列宗"，而他们到底是谁，其实我们并不清楚。但是"列祖列宗"成为后人生活的一种依据、奋斗的一种勇气。

祠堂里供奉的"列祖列宗"

生命时空的转换与死亡的教育

| 生命时空的转换与死亡的教育 |

生命的终结是一个人生命的结束，而因为个体生命与集体生命的天然关联，一个人的死亡关乎家庭、家族，甚至整个民族。

一个人的生命有限，而我们在悼念那些英雄的时候总是要说"永垂不朽"，不朽的是英雄的精神与影响。

生命顽强而脆弱，其顽强在于，在短暂的几十年中，人能够创造了不起的物质财富和精神财富；而其脆弱在于，灾难、病痛能瞬间夺去

| 中山陵 |

生命。

因此，丧礼所展现的是一种时间的转换，由短暂而永恒，由几十年、一百年而成就一千年，绵绵不绝。

而在空间上而言，丧礼也实现一个人从活着到死亡，从现实世界到虚拟世界的转换。

从生活中有血有肉的生命，到丧礼中被祭奠的亡灵，到坟墓中的尸体，最后转化成神龛上受祭祀的祖先。

为什么千百年来中国人要遵循这样的规则，如此繁复地去处理死亡呢？因为仪式既是对生命本身的尊重，更是对生者的"死亡教育"。懂得死亡才能更好地对待生命。

丧礼在中国传承了数千年，时至今日，传统的丧礼在仪式过程、基本仪节的设置上也没有根本的变化。然而，时代又总是在变化，仪式的内容、具体的设置一直在发生着改变。但丧礼有关死亡的教育是一直没有改变的，也就是说，丧礼要跟我们谈论的主题就是死亡，或者说，就是生命本身。

我们要知道，死亡固然是生命的无可奈何，但也恰恰是生命的本质。

"向死而生"是生命的基本方向。虽然孔子说"不知生，焉知死"，但孔子所言恰恰是重视人生、重视当世的生命价值观。儒家经典都大篇幅记述丧礼，当然不避讳谈论死亡，只是要由死而言生，关注生命本身的价值与意义，并重视每一段生命的来来往往。

在当代乡镇，很多人仍然遵循着融合了地方文化、民族特色的传统丧葬礼仪；而在城市中由于政策、条件的限制，更多的丧礼简化为"追悼会""遗体告别"仪式。而在中国的台湾、香港，以及东南亚一带，丧礼的表现形式则更加多元而丰富。

那么，在当代的丧礼中，我们如何延续渗透着中华智慧的死亡的教育，并与生活相融合呢？

首先，无论时代如何发展，在亲人离世的时候任何人都需要一段时空，处理这种突如其来的变化。

第二，在丧礼中，我们要遵循自己的文化传统，处理亡者的身体，妥善地安置其生命角色的转化。

第三，生者的情绪要充分且有节制地宣泄。

总之，无论是传统，还是现代，肃穆地表达对亡者的尊重与爱，进而推及对生命的爱与尊重，才是丧礼的本质。

图书在版编目（CIP）数据

丧礼 / 龙晓添著 ; 萧放本辑主编. -- 哈尔滨：黑龙江少年儿童出版社，2020.9（2021.8 重印）
（记住乡愁 ：留给孩子们的中国民俗文化 / 刘魁立主编. 第七辑，民间礼俗辑）
ISBN 978-7-5319-6542-8

Ⅰ．①丧… Ⅱ．①龙… ②萧… Ⅲ．①葬礼－中国－青少年读物 Ⅳ．①K892.22-49

中国版本图书馆CIP数据核字(2020)第160114号

记住乡愁——留给孩子们的中国民俗文化　　　　　　　　刘魁立◎主编
第七辑 民间礼俗辑　　　　　　　　　　　　　　　　　萧 放◎本辑主编
丧礼 SANGLI　　　　　　　　　　　　　　　　　　　龙晓添◎著

出 版 人：商 亮
项目策划：张立新 刘伟波
项目统筹：华 汉
责任编辑：郜 琦 宁洪洪
整体设计：文思天纵
责任印制：李 妍 王 刚
出版发行：黑龙江少年儿童出版社
　　　　　（黑龙江省哈尔滨市南岗区宜庆小区8号楼 150090）
网　　址：www.lsbook.com.cn
经　　销：全国新华书店
印　　装：北京一鑫印务有限责任公司
开　　本：787 mm×1092 mm　1/16
印　　张：5
字　　数：50千
书　　号：ISBN 978-7-5319-6542-8
版　　次：2020年9月第1版
印　　次：2021年8月第2次印刷
定　　价：35.00元